CONTENTS

목차

활용가이드

구성

1과
아담과 하와를 사랑하신 하나님

• 본문말씀 / 6컷 만화

성경 이야기를 올바르게 이해하기 위해 성경을 찾아 천천히 읽습니다. 공과의 내용을 뚜렷하게 알려주는 중심 구절도 반복해서 읽고 묵상하도록 합니다. 본문 말씀의 핵심이 되는 6컷 만화는 역할을 맡아 읽거나 플래시 애니메이션을 보면 더욱 재미있게 읽을 수 있습니다. 만화 속에서는 말씀 다지기의 답(빨간 글씨)도 찾을 수 있도록 표시되어 있습니다.

TIP 교사용 스토리 카드와 함께 사용하시면 한 장씩 스토리 카드를 제시함으로써 학생의 집중력을 높이고 더욱 풍성한 내용으로 스토리를 이끌어 나가실 수 있습니다.

• 말씀배우기

읽고 쓰기가 어려운 학생들을 위한 질문입니다. 스티커 붙이기, 알맞은 것에 O표, 틀린 것에 X표 하기, 맞는것 찾아 연결하기, 따라쓰기의 질문으로 구성되어 있어 성경말씀에 쉽게 접근할 수 있습니다. 질문은 수준별로 나뉘어 있어 학생 수준에 따라 학생이 풀 수 있는 질문까지 풀도록 합니다.

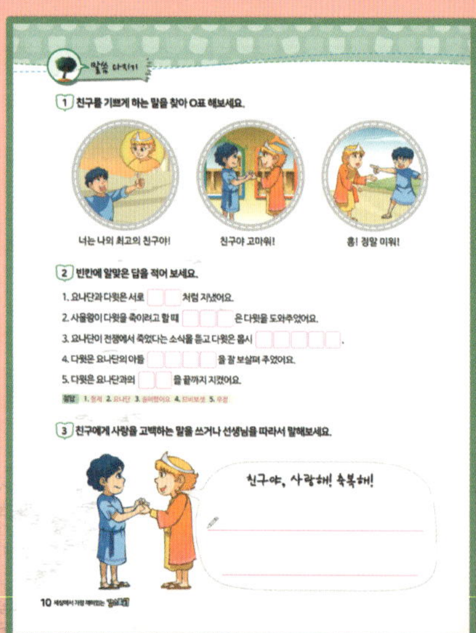

• 말씀다지기

읽고 쓰기가 가능한 학생들을 위한 질문입니다. 질문을 읽고 알맞은 답에 O표 하기, 빈칸에 답 적기, 장문 쓰기로 구성되어 있어 심화된 수준으로 성경말씀에 접근할 수 있습니다. 질문은 수준별로 나뉘어 있어 학생 수준에 따라 풀 수 있는 질문까지 풀도록 하되, 학생의 특성과 능력에 따라 정답을 보고 따라 적거나 말하는 방법으로 풀이방법을 대체하여 학생이 더욱 적극적으로 참여하도록 합니다.

활용가이드

구성

• 활동하기

미로찾기, 색칠하기, 그림찾기, 점 이어 그리기 등 다양한 활동들로 핵심 내용을 학습하도록 구성하였습니다. 학생들의 수준에 따라 활동의 난이도를 교사가 조절하여 학습능력을 최대로 이끌어 줄 수 있도록 구성하였습니다. 갓스토리의 활동하기는 부드러운 색조를 사용하여 최고의 학습 효과를 이끌어 냅니다.

• 특별활동

4과, 9과, 13과에는 특별활동으로 구성되어 공과를 지루하지 않도록 이끌어 줍니다.(기도 손 만들기, 나의 죄를 용서하신 하나님, 성탄 케이크 만들기) 해당 과의 중심된 내용으로 구성하여 학생들이 핵심 단어나 내용을 마음으로 이해할 수 있도록 오감을 자극하는 만들기로 구성하였습니다. 한 번 만들고 버리지 않는 한장연의 아주 특별하고 재미있는 활동으로 공과를 진행합니다.

TIP 교사용 교재에서 특별활동 방법 및 추천 연결활동을 확인하실 수 있습니다.

• 말씀따르기 / 기도하기

학습한 내용을 일상생활에 적용하도록 학생과 약속하는 시간입니다. 말씀 따르기가 예배시간 외의 시간과 장소에서도 이루어질 수 있도록 함께 다짐하고 점검하도록 합니다. 그리고 생활에 적용을 위해 그 날에 배운 공과를 기억하고 하나님 말씀대로 살 수 있도록 기도문을 함께 읽고 기도하며 공과를 마칩니다. 마무리와 함께 학생을 향한 교사의 격려와 응원을 덧붙인다면 최고의 공과가 될 것입니다.

1과 아담과 하와를 사랑하신 하나님

본문말씀 : 창세기 3장 21절
중심구절 : 여호와 하나님께서 아담과 그 아내를 위해 가죽옷을 만들어 입히셨습니다.

나의 형상대로 지었더니 정말 예쁘고 사랑스럽구나. 너희들은 자식을 많이 낳고 세상의 모든 생물을 다스려라!
네~ 하나님!
❶ 하나님은 아담과 하와를 만드시고 매우 기뻐하셨어요.

너희들은 이 동산 안에 있는 모든 나무의 열매를 마음껏 먹으라. 그러나 선악을 알게 하는 나무의 열매는 먹지마라! 그것을 먹는 날에는 네가 반드시 죽을 것이다!
하나님, 감사합니다!
어머, 하나님! 이곳은 너무너무 멋져요.
❷ 하나님은 에덴동산을 만드시고 아담과 하와를 거기에 두셨어요.

내가 먹지 말라고 네게 명령한 그 나무 열매를 먹었느냐?
뱀이 저한테 먹으라고 꼬셔서 먹었어요.
하나님이 주신 저 여자가 먹으라고 해서 먹었어요.
❸ 그런데 아담과 하와는 하나님의 말씀을 무시하고 선악과를 먹고 말았어요.

아담은 평생 땅에서 수고해야 먹고 살 것이다! 그리고 여자는 임신의 고통이 클 것이다. 너의 몸은 흙으로 만들었으니 다시 흙으로 돌아갈 것이다.
하나님~ 용서해 주세요! 흑흑흑…
❹ 하나님은 죄를 지은 아담과 하와에게 벌을 내리셨어요.

이제 너희는 죄를 지어 나와 함께 이곳에 머물지 못하겠구나.
그러게 말이요.. 죄를 지으면 안 됐는데..
흑흑.. 이제 어쩌죠? 에덴을 떠나서 우리는 어떻게 살아요?
❺ 하나님은 에덴동산에서 아담과 하와를 쫓아내셨어요.

지금은 너희가 나와 함께 있을 수 없지만, 내 아들을 통해 다시 만날 것이다.
발가벗어서 창피했는데 하나님이 몸을 가릴 수 있게 가죽옷을 주셨어.
하나님이 짐승의 가죽을 벗겨서 우리를 위해 옷을 만들어 주셨어요. 감사합니다!
❻ 하나님은 아담과 하와를 사랑하셨어요. 그래서 아담과 하와가 에덴동산에서 나갈 때 가죽옷을 만들어 입히셨어요.

단어 풀이 형상 물건의 생긴 모양

말씀 배우기

1 아담과 하와에게 가죽옷을 입혀주세요.

2 알맞은 것에 O표, 알맞지 않은 것에 X표를 해보세요.

하나님은

에덴동산

아파트

을 만드시고 아담과 하와를 거기에 두셨어요.

아담과 하와는 하나님이 먹지 말라고 하신

햄버거

선악과

를 먹고 말았어요.

하나님은 아담과 하와에게

가죽옷

한복

을 만들어 입히셨어요.

말씀 다지기

1 하나님께서 아담과 하와가 에덴동산을 나갈 때 무엇을 만들어 입히셨나요?

가죽옷

잠옷

갑옷

2 빈칸에 알맞은 답을 적어 보세요.

1. 하나님은 아담과 하와를 만드시고 ☐☐☐☐☐☐.
2. 아담과 하와는 하나님의 말씀을 어기고 ☐☐☐를 먹었어요.
3. 하나님은 죄를 지은 아담과 하와에게 ☐을 내리셨어요.
4. 하나님은 그래도 아담과 하와를 ☐☐☐☐☐☐.
5. 하나님은 아담과 하와가 에덴동산에서 나갈 때 ☐☐ ☐을 입혀주셨어요.

정답 1. 기뻐하셨어요 2. 선악과 3. 벌 4. 사랑하셨어요 5. 가죽 옷

3 아담과 하와가 가죽 옷을 주신 하나님께 드린 감사의 말을 쓰거나 선생님을 따라서 말해보세요.

가죽 옷을 주셔서 감사합니다!

활동하기

1 하나님을 사랑하는 아담과 하와에게 주신 가죽 옷을 꾸며보세요.

말씀 따르기

1. 하나님이 나에게 주신 것을 3가지 말해보세요.
2. "하나님은 나를 사랑하세요"라고 소리 내어 고백해 보세요.

기도하기

죄를 지은 아담과 하와에게 가죽 옷을 입혀주신 하나님! 예수님을 통해서 저의 죄를 없애 주시고 사랑해 주셔서 감사합니다. 예수님 이름으로 기도합니다. 아멘.

2과 친구를 사랑한 다윗과 요나단

본문말씀 : 사무엘상 18장 3절

중심구절 : 요나단은 다윗을 자기 목숨처럼 깊이 사랑했기 때문에 둘은 의형제를 맺었습니다.

❶ 사울왕의 아들 요나단은 다윗이 골리앗과 싸우는 모습을 보았어요.
아니, 저런 어린 소년이 골리앗을 이기다니 대단하군!
크하하하! 네가 날 이길 수 있을 거라고 생각해?
골리앗, 나는 하나님의 이름으로 싸운다. 얍! 믿음으로 도전!
❷ 요나단은 다윗이 맘에 들어 서로 사랑하고 형제처럼 지냈어요.
요나단, 나를 이렇게 좋아해주고 도와줘서 고마워~
다윗, 너는 나의 최고의 친구야!
❸ 사울왕이 다윗을 질투하여 죽이려고 할 때 요나단은 다윗을 도와주었어요.
다윗의 인기가 나보다 많으니 내가 다윗을 죽여야겠구나!
음...그렇다면 다시 생각해 보마.
아버지, 다윗은 아버지를 위해서 전쟁에 나가서 싸운 사람이니 죽이지 마세요!
❹ 그러나 또 다시 사울 왕이 다윗을 죽이려고 하자, 요나단은 다윗이 도망치게 도와주었어요.
다윗, 어서 도망가! 아버지가 너를 죽이려고 해!
알려줘서 고마워. 너의 사랑을 절대 잊지 않을게!
으~ 사람들이 나보다 다윗을 더 좋아한다고? 다윗이 없어지면 나를 제일 좋아하겠지? 다윗! 죽여버리겠어.
❺ 어느 날 다윗은 요나단이 전쟁에서 죽었다는 소식을 들었어요. 다윗은 몹시 슬퍼했어요.
진정한 친구인 요나단은 나를 누구보다 사랑해 주었는데... 내가 사랑하는 친구 요나단을 위해서 노래를 만들어야겠어!
❻ 다윗은 훗날 요나단의 아들 므비보셋을 친아들처럼 잘 보살펴 주며 요나단과의 우정을 끝까지 지켰어요.
제 아버지를 생각하고 제게 이렇게 잘해주시다니, 감사합니다!
요나단의 아들은 내 아들과 다름없다. 이제부터 나와 함께 지내자꾸나.

단어 풀이 질투 나보다 더 좋은 자리에 있는 것을 미워하는 것

말씀 배우기

1 친구를 목숨처럼 아낀 다윗과 요나단을 붙여보세요.

2 요나단은 사울이 다윗을 죽이려고 할 때 어떻게 하였는지 연결해보세요.

요나단

다윗이 도망 못가게 붙잡았어요.

다윗이 도망치게 도와주었어요.

말씀 다지기

1 친구를 기쁘게 하는 말을 찾아 O표 해보세요.

너는 나의 최고의 친구야!

친구야 고마워!

흥! 정말 미워!

2 빈칸에 알맞은 답을 적어 보세요.

1. 요나단과 다윗은 서로 □□ 처럼 지냈어요.
2. 사울왕이 다윗을 죽이려고 할 때 □□□ 은 다윗을 도와주었어요.
3. 요나단이 전쟁에서 죽었다는 소식을 듣고 다윗은 몹시 □□□□□.
4. 다윗은 요나단의 아들 □□□□ 을 잘 보살펴 주었어요.
5. 다윗은 요나단과의 □□ 을 끝까지 지켰어요.

정답 1. 형제 2. 요나단 3. 슬퍼했어요 4. 므비보셋 5. 우정

3 친구에게 사랑을 고백하는 말을 쓰거나 선생님을 따라서 말해보세요.

친구야, 사랑해! 축복해!

활동하기

1 **내가 가장 좋아하는 친구를 생각하며 친구 얼굴을 그리고 친구의 이름을 써보세요.**

내 친구

____

말씀 따르기

1. 내 친구에게 “친구야 축복해”라는 인사 말을 나누어요.
2. 친구에게 이번주에 한 가지 기분 좋은 선 물을 전해주세요.

기도하기

하나님, 저에게도 다윗과 요나단처럼 우정을 나눌 수 있는 친구를 허락해 주시고, 다른 사람에게도 좋은 친구가 되게 해 주세요.
예수님 이름으로 기도합니다. 아멘.

3과 하나님을 사랑한 다윗

본문말씀 : 시편 23편 1절

중심구절 : 여호와는 내 목자시니 내게 부족한 것이 없습니다.

① 다윗은 언제나 하나님을 최고로 사랑했어요.
랄랄라라~ 목자가 양을 도와주듯이 나를 도와주시는 하나님~ 감사합니다! 하나님을 사랑해요!

② 다윗은 거인 골리앗과 싸울 때에 하나님을 의지했어요.
전쟁은 칼과 창으로 하는 것이 아니에요. 하나님께서 도와주셔서 승리할 수 있어요!
이봐, 꼬마야, 너 같은 꼬마가 어떻게 거인 골리앗과 싸우겠다는 거야?
저렇게 작은 꼬마가 어떻게 골리앗과 싸우겠어? 앞에 가자마자 도망쳐오겠지! 흐흐..

③ 사울 왕을 피해서 동굴에 도망갔을 때에도 다윗은 하나님을 찬양했어요.
다윗이 나보다 인기가 많은 것을 참을 수 없어! 다윗을 반드시 죽여 버릴거야!
저는 하나님의 도우심을 믿어요! 내 영혼아~ 사랑하는 하나님을 찬양하라!

④ 다윗은 사랑하는 하나님의 언약궤가 성으로 돌아올 때 바지가 벗겨지는 줄도 모르고 찬양했어요.
어허~ 다윗 왕이 정말 하나님을 사랑하시나 봅니다. 허허허허~
하나님의 언약궤가 다시 돌아오다니 이렇게 신날수가! 하나님, 감사합니다! 하하하하하
다윗 왕이 옷이 벗겨질 정도로 신나서 춤을 추고 있어요!

⑤ 다윗은 죄를 짓고 난 후에도 사랑하는 하나님께 다시 용서를 구했어요.
왕이 다른 사람의 아내와 간음하였으니 하나님께서 벌을 내리실 것이오!
제가 하나님께 죄를 지었습니다. 하나님 저를 용서해 주세요. 흑흑흑..

⑥ 우리도 다윗처럼 하나님께 순종하고 언제나 사랑해요.
내가 언제나 하나님을 사랑하니 하나님이 나를 도와주셨구나!
나도 기쁠 때나 슬플 때나 언제나 하나님을 사랑하겠어요!
나도~ 언제나 하나님을 사랑할거야~

단어 풀이 목자 양을 지키고 먹이는 사람

말씀 배우기

1 하나님을 사랑하는 다윗의 마음에 하트를 붙여주세요.

하나님을 사랑합니다!

하나님을 찬양합니다!

2 하나님을 사랑한 다윗의 고백을 따라 써 보세요.

하 나 님

사 랑 해 요

말씀 다지기

1 다윗이 하나님께 드린 고백을 모두 찾아 O표 해보세요.

여호와는 나의 목자이십니다.

하나님의 도우심을 믿어요.

하나님을 찬양해요.

2 빈칸에 알맞은 답을 적어 보세요.

1. 다윗은 하나님을 최고로 ☐☐☐☐☐.
2. 다윗이 골리앗과 싸울 때에 하나님이 ☐☐☐☐☐.
3. 사울왕이 다윗을 죽이려고 할 때에도 다윗은 하나님 ☐☐했어요.
4. 다윗은 ☐☐가 벗겨질 정도로 기쁘게 하나님을 찬양했어요.
5. 다윗은 죄를 지은 후에 하나님께 다시 ☐☐를 구했어요.

정답 1. 사랑했어요 2. 도우셨어요 3. 찬양 4. 바지 5. 용서

3 내가 하나님께 드리는 사랑의 고백을 쓰거나 선생님을 따라서 말해보세요.

하나님을 최고로 사랑해요!

활동하기

1 하나님을 사랑한 다윗을 색칠해보세요.

말씀 따르기

1. 나는 언제 하나님의 사랑을 느끼는지 말해보세요.
2. 다윗처럼 찬양에 맞춰서 하나님을 온 몸으로 찬양해요.

기도하기

사랑의 하나님, 저에게도 다윗과 같이 하나님을 날마다 찬양하고 하나님을 더욱 사랑하는 마음을 주세요. 예수님 이름으로 기도합니다. 아멘.

4과 나라를 사랑한 에스더 왕비

본문말씀 : 에스더 7장 3절

중심구절 : 그러자 에스더 왕비가 대답했습니다. 왕이여 제가 왕의 은총을 입었다면, 저를 좋게 여기신다면, 제 목숨을 살려주십시오. 이것이 제 소원입니다. 그리고 제 동족을 살려 주십시오. 이것이 제 부탁입니다.

❶ 아하수에로 왕이 하만에게 높은 지위를 주었어요. 그래서 모든 신하들은 하만에게 절을 했지만, 유대인인 모르드개는 절하지 않았어요. 유대인은 하나님만 섬겼기 때문이에요.
나는 하나님을 믿는 유대인이요! 절대 하만에게 절하지 않겠소!
당장 하만님에게 무릎 꿇고 절 하거라!

❷ 하만은 모르드개가 유대인인 것을 알게 되자 유대인들을 모두 죽일 계획을 세웠어요.
왕이시여, 유대인은 이 나라에 살면서 왕의 명령을 지키지 않습니다. 모두 죽이십시오!
흐흐흐 그럼… 그렇지 유대인인 모르드개도 같이 죽겠구나~
아니, 뭐야? 유대인들이 내 명령을 무시한다고? 유대인들을 모두 죽여라!

❸ 모르드개는 유대인들을 죽이려는 하만의 계획을 알게 되자 옷을 찢고 대궐 문 앞에 앉아 울었어요.
하만이 유다 사람들을 죽일 계획을 세웠다고? 흑흑흑....
아이고, 하나님! 저희들을 살려주세요!

❹ 에스더 왕비도 하만의 계획을 들었어요. 그리고 모르드개에게 편지를 보내어 기도를 부탁했어요.
앞으로 3일 동안 저를 위해 모든 유대인들과 함께 금식하며 기도해 주세요. 저도 금식하며 기도한 후에 유대인들을 살려달라고 왕에게 부탁할게요. 이 일로 제가 죽게 된다면 죽겠습니다.

❺ 에스더 왕비는 금식기도를 한 후에 잔치를 열어 왕을 초대했어요.
오호! 아름다운 에스더 왕비여. 소원을 말해보시오. 뭐든 들어 주겠소!
왕이시여! 저와 유대인들을 살려주세요. 나쁜 하만이 유대인들을 죽이려고 해요.

❻ 왕은 에스더 왕비의 말을 듣고 유대인들을 죽이라는 명령을 취소했어요.
유대인들을 위해 기도한 에스더 왕비의 소원을 하나님께서 들어주셨어!
여봐라! 당장 하만을 처형하고, 유대인들이 잘 살도록 보살펴주어라!
네! 알겠습니다!
하나님, 감사합니다!

단어 풀이 금식 한동안 음식을 먹지 않는 것 | 처형 죄를 지은 사람에게 벌을 내림

<활동하기!> 기도손 만들기 - 우리나라를 위해 매일매일 기도해요!

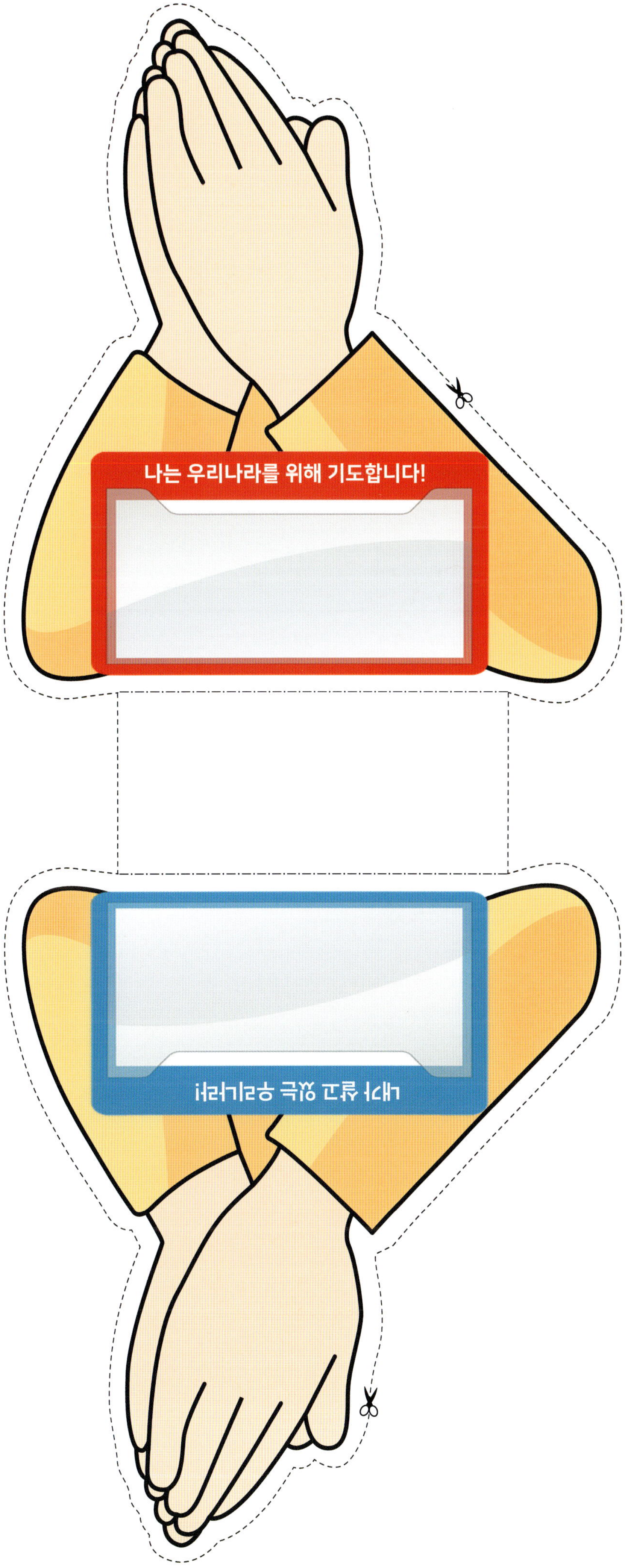
나는 우리나라를 위해 기도합니다!
내가 살고 있는 우리나라!

점선을 따라 살짝 접은후 잡아당겨 주세요.

······ 안으로 접는 선

—·— 바깥으로 접는 선

- - - - 자르는 선

말씀 배우기

1 나라를 사랑한 에스더 왕비가 무엇을 했는지 스티커를 붙여보세요.

죽음을 무서워하지 않고 왕을 찾아갔어요.

나라를 위해서 금식하며 기도했어요.

말씀 다지기

1 빈칸에 알맞은 답을 적어 보세요.

1. 모르드개는 하만에게 □을 하지 않았어요.
2. 하만은 유대인을 모두 □□ □□을 세웠어요.
3. 에스더 왕비는 하만의 계획을 듣고 모르드개에게 □□를 부탁했어요.
4. 에스더는 3일 동안 □□하며 기도했어요.
5. 왕은 에스더 왕비의 말을 듣고 유대인을 □□□□□□.

정답 1. 절 2. 죽일 계획 3. 기도 4. 금식 5. 살려주었어요

말씀 따르기

1. 우리 나라를 위해서 에스더처럼 금식하면서 기도해요.

기도하기

하나님, 에스더 처럼 저도 나라를 사랑하고 기도하는 사람이 되겠습니다. 우리나라를 보호하시고 지켜주세요. 예수님 이름으로 기도합니다. 아멘.

5과 하나님 말씀을 사랑하신 예수님

본문말씀 : 누가복음 2장 46절

중심구절 : 3일이 지나서야 그들은 성전 뜰에서 예수를 찾게 됐습니다. 그는 선생 가운데 앉아서 이야기를 듣기도 하고 묻기도 하고 있었습니다. 예수의 말을 들은 사람마다 그가 깨닫고 대답하는 것에 몹시 감탄했습니다.

① 해마다 유월절이 되면 예수의 부모는 예루살렘으로 예배드리러 갔어요.
올해는 예수가 12살이 되었으니 같이 가자꾸나.
정말이에요? 야호! 신난다~
유월절이 되면 우리 가족은 예루살렘으로 예배를 드리러 갈 거란다~

② 예수의 부모는 예루살렘에서 예배를 드리고 집으로 돌아갈 준비를 했어요.
유월절이 끝났으니 이제 부지런히 집으로 돌아갑시다!
여보, 예수가 보이지 않아요! 아마 친척들 사이에 있겠죠? 어서 집으로 가요.

③ 예수의 부모는 길을 떠난 지 하루가 지나서 예수가 곁에 없다는 것을 알았어요.
어머, 여보! 아무리 찾아봐도 예수가 보이지 않아요!
정말이요? 얼른 찾아봅시다. 설...마, 아직도 예루살렘에 있는건 아니겠지?

④ 그때 예수는 성전에서 여러 선생님들과 앉아서 하나님의 말씀을 나누고 있었어요.
어허! 나이도 어린데 하나님의 말씀을 이처럼 깊이 이해하고 있다니 놀랍군, 놀라와!
어린 아이가 정말 똑똑하구나~

⑤ 말씀을 듣고 자란 예수님은 하나님의 말씀으로 사단의 유혹을 이겨냈어요.
아이구구구구!
떡으로만 살 것이 아니라 하나님의 말씀으로 살 지어다! 사단아 물러가라!

⑥ 예수님은 십자가에서 하나님의 말씀을 이루었어요.
아버지의 원대로 되기 원합니다.
다 이루었다.

단어 풀이 안식일 편안하게 쉬는 날

말씀 배우기

1 예수님 말씀을 들으러 온 사람들이 말씀을 읽을 수 있도록 성경책을 붙여주세요.

2 예수님이 사랑한 것이 무엇인지 따라 써 보세요.

하 나 님
말 씀

말씀 다지기

1 예수님은 무엇으로 사단의 유혹을 이겨내셨는지 O표 해 보세요.

하나님의 말씀

방패

부적

2 빈칸에 알맞은 답을 적어 보세요.

1. 유월절이 되어 예수님의 부모는 예루살렘으로 □□ 드리러 갔어요.
2. 예루살렘에서 예배를 드리고 집으로 오는 길에 예수님이 □□□□□.
3. 예수님을 찾으러 간 부모들은 성전에서 □□을 듣는 예수를 찾았어요.
4. 예수님은 사단의 유혹도 □□□□ □□으로 이겨냈어요.
5. 예수님은 □□□에서 하나님의 말씀을 이루었어요.

정답 1. 예배 2. 없어졌어요 3. 말씀 4. 하나님의 말씀 5. 십자가

3 예수님께서 하나님의 말씀을 이루시고 십자가에서 하신 말씀을 쓰거나 선생님을 따라서 말해보세요.

아버지의 뜻대로 되기 원합니다.

활동하기

1 예수님과 함께 말씀을 들으러 예루살렘 성전으로 가는 길을 찾아보세요.

말씀 따르기

1. 좋아하는 말씀을 선택해서 암송해 보세요.
2. 말씀을 암송하는 나의 모습을 인증샷으로 남겨보세요.

기도하기

하나님, 제가 날마다 하나님의 말씀을 사랑하고 말씀에 순종해서 살도록 해 주세요. 예수님 이름으로 기도합니다. 아멘.

6과 제자를 사랑하신 예수님

본문말씀 : 요한복음 21장 15절

중심구절 : 예수께서 베드로에게 세 번째로 말씀하셨습니다. "요한의 아들 시몬아, 네가 나를 사랑하느냐?" 예수께서 세 번째 "네가 나를 사랑하느냐?"고 물으시자 베드로가 근심하며 말했습니다. "주여 주께서는 모든 것을 아십니다. 제가 주를 사랑하는 것을 주께서 아십니다." 예수께서 베드로에게 말씀하셨습니다. "내 양 떼를 먹여라."

① 예수님이 군인들에게 잡혀가실 때, 베드로는 세 번이나 예수님을 모른다고 했어요.
당신이 예수님과 같이 있는 걸 본 것 같은데?
당신도 십자가에 달린 예수를 좇아 다니지 않았소?
사람을 잘못 봤어요. 저는 저 사람을 몰라요! 나는 그의 제자가 아닙니다!

② 예수님이 죽으신 후 베드로는 슬퍼하며 고향으로 돌아갔어요.
휴... 나는 이제 예전처럼 물고기를 잡으면서 살아야겠구나.

③ 베드로가 다른 제자들과 함께 물고기를 잡고 있을 때, 부활하신 예수님이 나타나셨어요.
우와! 예...예수님이시다!
그물을 배 오른편으로 던져 보아라. 물고기가 잡힐 것이다.

④ 예수님은 숯불에 생선을 구워 놓고 제자들을 기다리고 있었어요.
배고플텐데 어서 앉거라!
예수님, 감사합니다! 저희를 위해서 생선과 떡을 구워주셔서 감사합니다.

⑤ 예수님은 베드로에게 자신을 사랑하는지 세 번이나 물어보셨어요.
요한의 아들 시몬아, 네가 이 사람들보다 나를 더 사랑하느냐?
네, 주님. 제가 주를 사랑하는 것을 주께서 아십니다.
요한의 아들 시몬아, 네가 나를 사랑하느냐?
주님, 제가 주님을 사랑합니다.
요한의 아들 시몬아, 네가 나를 사랑하느냐?
주님, 제가 주님을 사랑합니다.

⑥ 예수님은 자신을 부인했던 베드로를 혼내지 않으시고 더욱 사랑해 주셨고 베드로는 죽을 때 까지 예수님의 사랑을 기억하고 복음을 전했어요.
네, 주님!
베드로야, 나의 양들을 먹여라!

단어 풀이 부인 어떤 사실을 그렇다고 말하지 않는 것

말씀 배우기

1 예수님이 사랑하는 제자들을 위해 구워놓으신 생선을 붙여보세요.

2 예수님은 자신을 부인한 베드로에게 뭐라고 하셨는지 연결해보세요.

베드로

네가 나를 사랑하느냐?

네가 나를 모른다고?

말씀 다지기

1 예수님을 부인했던 베드로는 예수님의 사랑을 기억하고 무엇을 했는지 O표 해보세요.

복음을 전했어요.

생선을 구웠어요.

고기를 잡았어요.

2 빈칸에 알맞은 답을 적어 보세요.

1. 예수님이 잡혀가실 때 베드로는 예수님을 □□ 모른다고 했어요.
2. 예수님이 죽으신 후 베드로는 □□ 으로 돌아갔어요.
3. 베드로가 물고기를 잡을 때 □□□□ □□□ 이 나타나셨어요.
4. 예수님은 베드로에게 자신을 □□ 하는지 세 번이나 물어보셨어요.
5. 예수님은 베드로를 혼내지 않고 더욱 □□□ 주셨어요.

정답 1. 세 번 2. 고향 3. 부활하신 예수님 4. 사랑 5. 사랑해

3 예수님의 질문에 베드로가 한 대답을 쓰거나 선생님을 따라서 말해보세요.

제가 주님을 사랑합니다!

네가 나를
사랑하느냐?

활동하기

1 나를 사랑하시는 예수님의 마음을 색칠 또는 색종이를 붙여 완성해보세요.

말씀 따르기

1. 나는 언제 예수님을 모른척했는지 이야기 해 보세요.
2. 눈을 감고 "그래도 저를 사랑해 주셔서 감사합니다." 세 번 고백해 보세요.

기도하기

예수님, 저를 제자 삼아주시고 사랑해주셔서 감사해요. 저도 베드로 처럼 예수님을 더욱 사랑하겠습니다. 예수님 이름으로 기도합니다. 아멘.

7과 아들을 사랑한 아버지

본문말씀 : 누가복음 15장 24절

중심구절 : 내 아들이 죽었다가 다시 살아났다. 이 아들을 잃었다가 이제 찾았다. 이렇게 그들은 잔치를 벌이기 시작했습니다.

❶ 어떤 사람에게 두 아들이 있었어요. 작은 아들은 아버지의 재산을 받아서 집을 떠났어요.
사랑하는 아들아..! 건강하게 잘 지내야 한다! 흑흑흑~
아버지! 아버지의 재산 중 제 몫을 미리 주셔서 감사합니다! 이 나라를 떠나 제 마음대로 살아볼 거예요. 안녕히 계세요!

② 아버지의 집을 떠난 아들은 다른 나라에서 마음대로 살면서 재산을 다 낭비했어요.
술을 가득 부어라! 어~ 취한다... 맘대로 사니까 아주 좋구먼!
한잔 더

❸ 작은 아들이 재산을 모두 날려버렸을 때 심한 흉년까지 들어 살기 어려워졌어요. 아들은 돼지를 키우면서 굶게 되었어요.
아이고 냄새야! 이 놈의 돼지가 또 똥을 쌌네.
너무너무 배고파 죽겠는데, 돼지가 먹는 열매도 부족해서 먹을 수가 없어...

④ 작은 아들은 부자로 살았던 때를 생각하면서 자신이 한 일을 후회했어요.
아버지 집에는 먹을 것이 넘쳐서 일하는 종들까지도 배불리 먹었는데...
아버지께 돌아가서 잘못했다고 빌고, 아들 대신 일꾼으로라도 살게 해달라고 해야겠다.

❺ 집으로 돌아오는 작은 아들을 아버지가 보고 멀리서 달려와 목을 껴안고 입을 맞췄어요.
이게 누구야!!! 죽었다가 다시 살아난 내 아들이 아니냐! 어서 오너라!
아버지, 제가 큰 죄를 지었어요. 용서해주세요.
여봐라! 아들에게 좋은 옷과 신발을 주고 반지를 끼워 주거라! 잔치를 열자꾸나~

⑥ 예수님은 죄인이 잘못을 뉘우치고 돌아오는 것이 이와 같다고 말씀하셨어요.
예수님, 제가 나쁜 죄를 많이 지었어요. 저를 불쌍히 여겨주세요~
오! 기다리던 네가 왔구나! 오늘이 나의 가장 기쁜 날이니 잔치를 열어야겠다. 하하하

단어 풀이 재산 자기가 가지고 있는 모든 돈과 물건들 | 일꾼 돈을 받고 남의 일을 해 주는 사람

말씀 배우기

1 집으로 돌아온 작은 아들과 아들을 사랑한 아버지를 붙여 보세요.

2 알맞은 것에 O표, 알맞지 않은 것에 X표를 해보세요.

아버지의 집을 떠난 아들은 재산을 다

낭비했어요.

저금했어요.

집으로 돌아오는 아들을 본 아버지는

못 본 척 했어요.

멀리서 달려왔어요.

예수님을 죄인이 잘못을 뉘우치고 돌아오는 것을

기뻐하세요.

슬퍼하세요.

말씀 다지기

1 아버지가 돌아온 아들을 위해 무엇을 열어주었는지 O표 해보세요.

대회

재판

잔치

2 빈칸에 알맞은 답을 적어 보세요.

1. 작은 아들은 아버지의 재산을 받아서 집을 ☐☐☐☐.
2. 집을 떠나 마음대로 살던 아들은 재산을 다 ☐☐☐☐☐.
3. 재산을 모두 날린 아들은 돼지를 키우면서 ☐☐☐☐.
4. 아버지는 집으로 돌아오는 아들을 보고 ☐☐를 열었어요.
5. 예수님은 ☐☐이 잘못을 뉘우치고 돌아오는 것을 기뻐하세요.

정답 1. 떠났어요 2. 낭비했어요 3. 굶었어요 4. 잔치 5. 죄인

3 돌아온 아들에게 아버지가 한 말을 쓰거나 선생님을 따라서 말해보세요.

기다리던 네가 왔구나!

활동하기

1 점을 이어서 다시 돌아온 아들의 옷을 만들어주고 예쁘게 꾸며주세요.

말씀 따르기

1. 오늘 나를 사랑해 주시는 하나님께 감사 인사를 드려요.
2. 내가 잘못한 일에 대해서 하나님께 고백하고 하나님의 용서함을 받아요.

기도하기

사랑의 하나님, 항상 저를 기다려 주시고 사랑해 주셔서 감사합니다. 하나님의 사랑을 항상 기억하고 감사하겠습니다. 예수님 이름으로 기도합니다. 아멘.

8과 아픈 사람을 사랑하신 예수님

본문말씀 : 마가복음 5장 34절

중심구절 : 예수께서 여인에게 말씀하셨습니다. "딸아, 네 믿음이 너를 구원했다. 이제 안심하고 가거라. 그리고 병에서 해방되어 건강하여라."

① 예수님이 사람들과 함께 호숫가에 계실 때 야이로 목사님이 찾아와서 부탁을 했어요.
그래, 자네 집으로 함께 가보세.
예수님! 예수님! 제 어린 딸이 죽어가고 있어요! 제발 저희 집에 오셔서 아픈 딸을 고쳐주세요!

② 예수님이 야이로 목사님의 집으로 가는 길에 12년 동안 혈루병을 앓던 여인이 예수님을 보게 되었어요.
어? 예수님이다. 예수님의 옷자락을 만지기만 해도 내 병이 나을 거야! 예수님은 틀림없이 내 병을 고쳐주실 수 있는 분이니까!

③ 혈루병을 앓던 여인이 틈에 끼어서 예수님의 옷자락에 손을 대었어요. 그러자 병이 다 나았어요.
누가 예수님의 옷에 손을 대었나요?
누가 방금 내 옷에 손을 대었느냐?
어? 예수님을 만지는 순간 피가 멈췄어! 내 병이 깨끗해졌어!

④ 혈루병을 앓던 여인은 예수님 발 앞에 엎드려 떨면서 사실대로 말했어요.
예.. 예수님... 예수님만이 저의 병을 고쳐주실 줄 믿고 제가 옷에 손을 대었습니다. 흑흑흑...
딸아, 네 믿음이 너를 살렸다. 이제 깨끗하게 병이 고쳐졌으니 건강하거라!

⑤ 그리고 나서 예수님은 야이로 목사님의 집에 도착해서 목사님의 딸을 살려주셨어요.
달리다굼! 소녀야 일어나거라!
우리 딸이 살아났다!

⑥ 그 외에도 예수님은 온갖 병에 걸린 사람들을 사랑으로 깨끗하게 치료해주셨어요.
예수님이 안 보이던 눈을 보게 하셨어!
예수님이 걷지 못하는 나를 걷게 해 주셨어!

단어 풀이 해방 병이나 어려움에서 벗어남 | 혈루병 피가 멈추지 않고 계속 나는 병

말씀 배우기

1 아픈 사람을 사랑하시는 예수님께서 어떻게 고쳐주셨는지 스티커를 붙여보세요.

2 알맞은 것에 O표, 틀린 것에 X표 해보세요.

야이로 목사님은 예수님께   을 고쳐달라고 찾아왔어요.

아픈 딸 / 시각장애인

혈루병이 있던 여인은   의 옷자락을 만졌어요.

예수님 제자 / 예수님

예수님은 온갖 병에 걸린 사람들에게   해 주셨어요.

치료를 / 음식을

말씀 다지기

1 예수님의 옷을 만진 여인에게 예수님이 하신 말씀을 찾아 O표 해보세요.

왜 내 옷을 만지니?

네 믿음이 너를 살렸다.

밥은 먹었니?

2 빈칸에 알맞은 답을 적어 보세요.

1. 야이로 목사님은 예수님에게 ☐☐ ☐을 고쳐달라고 찾아왔어요.
2. 혈루병이 있던 여인은 예수님의 ☐☐☐을 만졌어요.
3. 예수님의 옷을 만진 여인의 병이 다 ☐☐☐☐.
4. 예수님은 여인의 ☐☐이 여인을 구원했다고 말씀하셨어요.
5. 예수님은 온갖 병에 걸린 사람들을 ☐☐해 주셨어요.

정답 1. 아픈 딸 2. 옷자락 3. 나았어요 4. 믿음 5. 치료

3 혈루병 여인에게 예수님이 하신 말씀을 따라 쓰거나 선생님과 함께 읽어보세요.

이제 병이 고쳐졌으니 건강하거라!

활동하기

1 예수님의 치료가 필요한 세 사람에게 일회용밴드를 붙여주세요.

말씀 따르기

1. 예수님이 고쳐주시기를 바라는 나의 병은 무엇인지 말해보고 함께 기도해요.
2. 아픈 친구나 가족이 있다면 그 사람을 위해서 기도하고, “내가 기도하고 있어요”라고 메시지를 보내요.

기도하기

아픈 사람을 만나주시고 고쳐주시는 예수님. 저도 만나주시고 회복시켜 주세요. 예수님 이름으로 기도합니다. 아멘.

9과 죄인을 사랑하신 예수님

본문말씀 : 요한복음 8장 10절~11절

중심구절 : 예수께서 일어나 여인에게 물으셨습니다. "여인아, 그들은 어디 있느냐? 너를 정죄한 사람이 한 사람도 없느냐?" 여인이 대답했습니다. "선생님, 없습니다." 예수께서 말씀하셨습니다. "나도 너를 정죄하지 않겠다. 이제부터 다시는 죄를 짓지 마라"

❶ 이스라엘의 종교지도자들이 예수님 앞에 간음한 여인을 끌고 왔어요.
선생님, 이 여인이 간음하다가 현장에서 붙잡혀왔는데 어떻게 할까요?
모세의 율법에 쓰여있는 대로 하자면 돌로 쳐서 죽여야겠지요?
흑흑흑...
❷ 그러자 예수님은 손가락으로 땅에 무엇인가를 쓰기 시작하셨어요.
예수가 뭐라고 말하던지 꼬투리를 잡아서 감옥에 넣어야지.
예수님은 왜 아무 말씀도 없이 땅에다 글을 쓰시지?
❸ 예수님은 계속되는 사람들의 질문에 대답하셨어요.
아…아니? 죄 없는 사람이 세상에 어디 있어?
크흠..
너희 가운데 죄 없는 사람이 먼저 이 여인에게 돌을 던져라!
❹ 예수님의 말씀을 듣고 사람들은 하나 둘씩 슬그머니 사라지기 시작했어요.
뭐야! 뭐야! 죄 없는 사람이 어디 있겠어~ 난 이만 가볼게....
뜨악! 난 죄가 많은데 어떡하지.....
❺ 예수님이 일어나서 여인에게 다시는 죄를 짓지 말라고 하셨어요.
여인아, 너를 정죄하던 사람들은 어디 갔느냐?
나도 너를 용서하겠다. 이제부터 다시는 죄를 짓지 말아라.
다 떠나고 아무도 없습니다. 선생님!
❻ 예수님이 오신 것은 사람들을 심판하러 오신 것이 아니라 세상을 구원하러 오신 거예요.
예수님이 제가 지은 죄 때문에 저를 사랑하지 않으시면 어떡하죠?
예수님은 너를 대신하여 죗값을 치루시고 구원하기 위해서 오신 거란다.

단어 풀이 **정죄** 다른 사람을 죄가 있다고 판단하고 결정하는 것

점선을 따라 살짝 접은 후 잡아당겨 주세요.

······ 안으로 접는 선

━ · ━ 바깥으로 접는 선

- - - 자르는 선

<활동하기!> 나의 죄를 용서하신 하나님 - 우리가 죄를 용서받은 과정을 만들어 보세요.

나의 죄를
용서해
주세요!

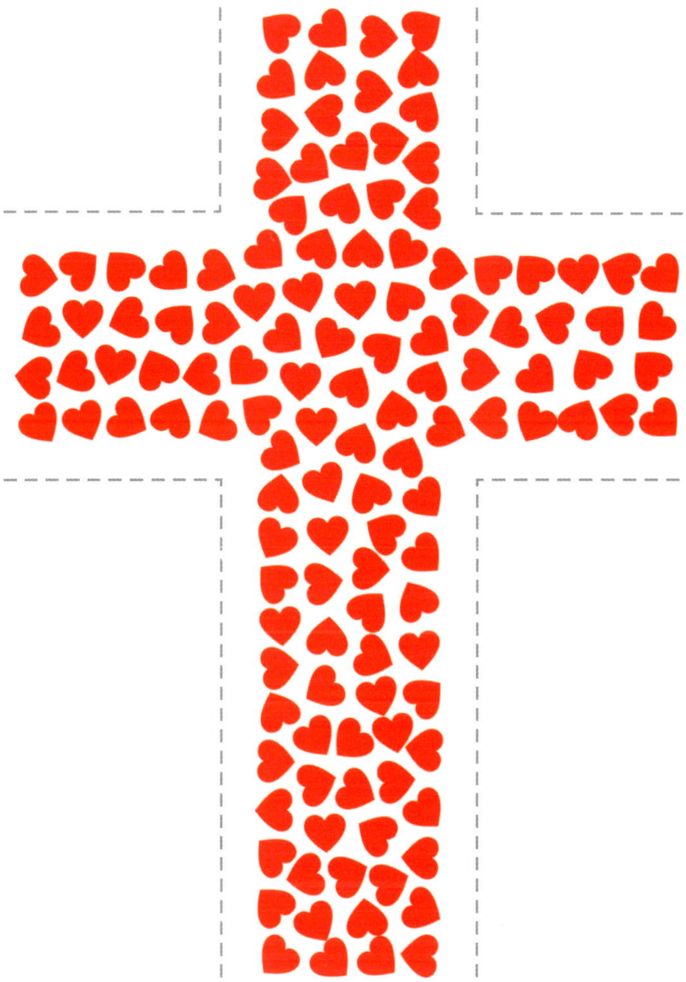

사랑의 하나님,
예수님을 통해서
나의 죄를
용서해 주시고
구원해 주셔서
감사합니다!

구원
받음

말씀 배우기

1 예수님을 통해서 죄를 용서받은 여인을 붙여보세요.

말씀 다지기

1 빈칸에 알맞은 답을 적어 보세요.

1. 사람들이 예수님 앞에 □□□ 여인을 끌고 왔어요.
2. 사람들은 간음한 여인을 □ 로 쳐 죽이고 싶어했어요.
3. 예수님은 □□ □□ 사람이 먼저 여인에게 돌을 던지라고 했어요.
4. 사람들은 자신의 죄가 생각나서 모두 □□□□□.
5. 예수님은 여인의 죄를 □□ 해 주셨어요.

정답 1. 간음한 2. 돌 3. 죄가 없는 4. 돌아갔어요 5. 용서

말씀 따르기

1. 친구나 다른 사람이 나에게 잘못 한 것이 있다면 용서해 주세요.
2. 내가 자꾸 하게 되는 잘못이 있다면 무엇이 있는지 말해 보세요.

기도하기

사랑의 하나님, 예수님을 통해서 나의 죄를 용서해 주신 것 감사합니다. 예수님 이름으로 기도합니다. 아멘.

10과 교회를 사랑한 브리스길라와 아굴라

본문말씀 : 로마서 16장 4절

중심구절 : 그들은 생명의 위험을 무릅쓰고 내 생명을 구해주었습니다. 나뿐 아니라 이방 사람의 모든 교회들도 그들에게 감사하고 있습니다.

저 사람이 뭐라고 말하는 거야? 예수님이 구원자라고?
여러분, 예수님은 하나님의 아들이십니다! 예수님을 믿어야 합니다!
예수님이 우리 죄를 위해서 십자가에서 돌아가셨습니다! 예수를 믿고 구원을 받으세요.

① 예수님이 하늘로 올라가신 후에 바울은 예수님이 가르쳐주신 복음을 전하면서 살았어요.

맞아요, 목사님! 저희도 목사님과 함께 복음을 전하겠습니다!
브리스길라와 아굴라, 함께하게 되어 영광입니다.
바울 목사님, 저희 집에서 텐트를 만들면서 함께 지내요.

② 바울 목사님이 고린도 지역에 갔을 때 브리스길라와 아굴라 부부를 만났어요.

아볼로! 당신은 하나님은 알지만 예수님은 모르는군요. 그건 잘못된 거예요.
아하! 그렇군요, 고맙습니다.
아볼로, 우리 집으로 갑시다! 예수님에 대해서 정확히 가르쳐 드릴게요.

③ 브리스길라와 아굴라는 아볼로에게 하나님과 예수님에 대해서 가르쳤어요.

여러분, 우리 집에서 함께 모여 하나님께 예배 드리고 말씀도 배워요~
정말 그래도 될까요? 교회를 위해서 여러 가지로 힘써주시네요. 감사합니다!

④ 브리스길라와 아굴라 부부는 자신들의 집을 교회로 사용했어요.

전도 여행을 가면 죽을 수도 있고 위험한일도 많은데 정말 괜찮겠어요?
바울 목사님, 복음을 전하는 곳에 저희도 함께 가겠습니다!
네! 열심히 복음을 전하겠습니다!

⑤ 브리스길라와 아굴라 부부는 배를 타고 바울 목사님과 함께 전도 여행도 다녔어요.

두 사람이 예수님을 만나고 정말 교회를 위해서 열심히 일한 것 같아~
그럼~ 브리스길라와 아굴라 부부는 교회를 사랑하고 복음을 열심히 전했지~
이것 봐! 성경에 브리스길라와 아굴라 부부의 이름이 6번이나 나왔어!

⑥ 브리스길라와 아굴라 부부는 교회를 사랑하고 교회를 위해 열심히 헌신했어요.

단어 풀이 이방 다른 나라 | 동역자 하나님의 일을 함께하는 사람

말씀 배우기

1 복음을 전하는 브리스길라와 아굴라를 붙여보세요.

2 알맞은 것에 O표, 알맞지 않은 것에 X표를 해보세요.

브리스길라와 아굴라는 아볼로에게   에 대해서 가르쳤어요.

하나님과 예수님 꽃

바울은 브리스길라와 아굴라 부부와   만들면서 복음을 전했어요.

빵을 텐트를

브리스길라와 아굴라는   (을)를 사랑하고 교회를 위해 헌신했어요.

교회 호텔

말씀 다지기

1 **브리스길라와 아굴라 부부는 자신들의 집을 무엇으로 사용했는지 찾아 O표 해보세요.**

학교

교회

식당

2 **빈칸에 알맞은 답을 적어 보세요.**

1. 바울은 예수님의 ☐☐ 을 전하며 살았어요.
2. 바울은 브리스길라와 아굴라와 함께 ☐☐ 를 만들면서 복음을 전했어요.
3. 브리스길라와 아굴라는 ☐☐☐ 에게 예수님에 대해서 가르쳤어요.
4. 브리스길라와 아굴라 부부는 자신들의 집을 ☐☐ 로 사용했어요.
5. 브리스길라와 아굴라 부부는 바울과 함께 여행을 다니며 ☐☐ 을 전했어요.

정답 1. 복음 2. 텐트 3. 아볼로 4. 교회 5. 복음

3 **브리스길라와 아굴라처럼 예수님을 어떻게 전할지 쓰거나 선생님을 따라서 말해보세요.**

예수님 믿고 구원을 받으세요!

활동하기

1 교회를 사랑한 브리스길라와 아굴라를 색칠해 보세요.

말씀 따르기

1. 내가 교회를 위해서 무슨 일을 할 수 있을지 생각해 보고 한 가지 실천해 보세요.
2. 예수님을 믿지 않는 가족에게 예수님의 이야기를 전해요.

기도하기

하나님, 저에게 하나님의 말씀을 배우고 예배드릴 수 있는 교회를 주셔서 감사합니다. 앞으로 더욱 교회를 사랑하겠습니다. 예수님 이름으로 기도합니다. 아멘.

11과 전도를 사랑한 바울

본문말씀 : 사도행전 21장 13절

중심구절 : 그러자 바울이 대답했습니다. "왜 여러분은 울면서 내 마음을 아프게 합니까? 나는 주 예수의 이름을 위해 예루살렘에서 붙잡힐 것은 물론 죽을 각오도 돼 있습니다."

① 사울은 예수님을 싫어하고 예수님을 믿는 사람들을 괴롭히는 사람이었어요.
저런 놈들은 모두 잡아서 감옥에 보내야해! 예수 믿는 사람들을 더 잡으러 가야겠다!
여러분, 예수님은 하나님의 아들이십니다! 그리고 우리를 구원하실 분이세요!

② 사울은 예수님을 믿는 사람들을 잡으려고 다메섹으로 가는 중에 예수님을 만났어요.
사울아, 사울아! 네가 왜 나를 핍박하느냐?
누..누구십니까?
나는 네가 핍박하는 예수다. 지금 일어나 내가 알려주는 사람을 만나거라!

③ 사울은 눈이 갑자기 보이지 않다가 아나니아를 만난 후 앞을 볼 수 있었어요.
오! 예수님, 감사합니다!
사울 형제여! 예수님께서 다시 볼 수 있게 하셨습니다. 그러니 가서 복음을 전하세요.
다시 앞이 보여요! 눈이 떠졌어요!

④ 예수님을 만난 사울은 이름을 바울로 바꾸고 열심히 복음을 전했어요.
바울이라는 저 사람은 이전에 예수 믿는 사람을 괴롭히고 잡아가던 사람이잖아?
나는 이제 예수님이 우리의 구원자라는 것을 알게 됐습니다. 당신들도 나와 함께 복음을 전합시다!

⑤ 바울은 복음을 전하다가 감옥에 가기도 했고, 전도 여행하면서 죽을 뻔한 일도 많았지만 쉬지 않고 복음을 전했어요.
이보게 실라! 우리가 감옥에 갇혀있지만 언제나 하나님을 찬양하세.
나는 예수님께서 가르쳐주신 복음을 전할 수 있어 행복하다네.
전도 여행하다가 배가 부서져서 죽을 뻔 한 적도 있지만 어디든지 가서 복음을 전하겠습니다.

⑥ 바울은 죽을 때까지 예수님을 사랑하고 또 복음을 전했어요.
살아도, 죽어도, 감옥에 갇혀도, 배가 고파도, 모든 것이 하나님 은혜입니다!
여러분, 나처럼 예수님을 사랑하고 복음을 전하세요!

단어 풀이 핍박 몹시 못살게 굴거나 괴롭힘

말씀 배우기

1 어디서든 하나님을 찬양하고 복음을 전하는 바울을 붙여보세요.

2 알맞은 것에 O표, 알맞지 않은 것에 X표를 해보세요.

사울은 다메섹에서 예수님을 만난 후에

눈이 안보였어요.

다리가 부러졌어요.

바울은 감옥에 갇혀 있을 때에

울기만 했어요.

하나님을 찬양했어요.

예수님을 만난 바울은 죽을 때 까지

복음을 전했어요.

잠만 잤어요.

말씀 다지기

1 예수님을 믿는 사람들을 괴롭히는 사울에게 예수님이 하신 말씀을 찾아 O표 해보세요.

왜 나를 핍박하느냐

네 신을 벗어라

내 양을 먹이라

2 빈칸에 알맞은 답을 적어 보세요.

1. 사울은 예수님을 믿는 사람들을 ☐☐☐☐☐.
2. 사울은 다메섹으로 가는 중에 ☐☐☐을 만났어요.
3. 눈에 보이지 않는 사울은 ☐☐☐☐를 만나고 앞을 보게 되었어요.
4. 사울은 이름을 바울로 바꾸고 ☐☐을 전했어요.
5. 바울은 죽을 때 까지 ☐☐☐을 사랑하고 복음을 전했어요.

정답 1. 괴롭혔어요 2. 예수님 3. 아나니아 4. 복음 5. 예수님

3 죽을 때까지 복음을 전하는 바울의 고백을 쓰거나 선생님을 따라서 말해보세요.

모든 것이 하나님의 은혜입니다.

활동하기

1 사람들이 모여 있는 곳을 찾아 바울과 전도여행을 떠나보세요.

말씀 따르기

1. 나에게 누가 예수님의 이야기를 전해 주었는지 이야기해 보세요.
2. 내가 예수님의 이야기를 들려주고 싶은 사람은 누구인지 생각해 보세요.

기도하기

하나님, 바울처럼 저도 예수님을 사랑하고 예수님을 전하는 사람이 되겠습니다. 예수님 이름으로 기도합니다. 아멘.

12과 우리를 기쁘게 하는 하나님의 사랑(추수감사절)

본문말씀 : 신명기 8장 18절

중심구절 : 그러나 너희 하나님 여호와를 기억하라. 이는 너희에게 재산을 얻을 수 있는 능력을 주셔서 너희 조상들에게 맹세하신 그분의 언약을 오늘날과 같이 이루어지게 하시기 위함이셨다.

① 이스라엘 백성들은 먹을 것을 주신 하나님을 잊고 불평했어요.
맛있는 음식 좀 주세요! 하나님 믿고 광야에 나왔는데 이게 뭐람! 어제도 만나와 메추라기, 오늘도 만나와 메추라기. 이제 다른 음식 좀 주세요!

② 모세는 불평하는 백성들에게 약속을 꼭 지키시는 하나님을 기억하라고 말했어요.
여러분, 하나님의 약속을 언제나 기억해야 합니다!
그래, 맞아! 우리를 이집트에서 새로운 땅으로인도해주신다고 약속하셨어. 그리고 우리의 하나님이 되어주신다고 약속하셨지?

③ 위험한 곳을 안전하게 지나오게 하신 하나님을 기억해요.
그런데, 하나님이 우리를 안전하게 광야를 지나오게 하셨네! 하나님, 감사합니다!
광야는 독사와 전갈이 많아서 매우 위험한 곳이야.

④ 올바른 길로 안내해 주신 하나님을 기억해요.
낮에는 구름기둥으로 밤에는 불기둥으로 안내해 줄 테니 안심하거라~
어? 어디로 가야되지? 하나님, 도와주세요! 흑흑~

⑤ 우리에게 날마다 먹을 것과 좋은 것들을 주시는 하나님을 기억해요.
나는 특별히 좋은 일들이 일어나는 것만 감사하는 줄 알았어.
아니야, 사실은 하루하루 우리를 먹이시고 지켜주시는 것이 제일 감사할 일이야.

⑥ 1년 동안 나에게 해주신 모든 일들을 기억하고 감사해요.
하나님 저에게 날마다 맛있는 음식 주셔서 감사해요 흐흐흐
우리 가족을 건강하게 지켜주셔서 감사해요.

단어 풀이 맹세 약속을 지키겠다고 다짐함 | 언약 약속

말씀 배우기

1 우리를 지켜 주시고 구원하신 하나님을 기억하며 감사스티커를 붙여보세요.

하나님,
감사합니다!

2 날마다 우리에게 먹을 것과 좋은 것을 주시는 하나님을 기억하며 따라 써보세요.

추	수	감	사	절

말씀 다지기

1 우리가 기억해야 할 하나님을 찾아 모두 O표 해보세요.

우리를 지켜주시는 하나님

복을 주시는 하나님

우리를 구원하신 하나님

2 빈칸에 알맞은 답을 적어 보세요.

1. 이스라엘 백성들은 하나님을 잊고 ☐☐ 했어요.
2. 모세는 약속을 지키는 하나님을 ☐☐ 하라고 말했어요.
3. 위험한 곳을 ☐☐ 하게 지나게 하신 하나님을 기억해요.
4. 올바른 길로 ☐☐ 해 주신 하나님을 기억해요
5. 날마다 먹을 것과 좋은 것들을 ☐☐☐ 하나님을 기억해요.

정답 1. 불평 2. 기억 3. 안전 4. 안내 5. 주시는

3 하나님께서 너에게 해 주신 모든 일을 기억하며 감사의 말을 쓰거나 선생님을 따라 말해보세요.

날마다 필요한 것들을 주셔서 감사해요.

활동하기

1 하나님께 감사의 마음으로 드리고 싶은 것들을 바구니에 담아보세요.

하나님, 감사합니다!

말씀 따르기

1. 하나님께 감사한 것을 한 가지씩 입술로 고백해요.

하나님, 저를 안전하게 지켜주시고 필요한 것을들 가장 좋은 때에 주셔서 감사합니다. 예수님 이름으로 기도합니다. 아멘.

13과 아들을 세상에 보내신 하나님의 사랑(성탄절)

본문말씀 : 누가복음 2장 11절

중심구절 : 오늘 구주이신 주 그리스도가 다윗의 동네에서 태어나셨다.

① 첫 번째 사람 아담이 죄를 지으면서 하나님과 사람 사이는 멀어졌어요.
아담아, 나는 거룩하기 때문에 죄인과는 함께 있을 수가 없단다.
하나님과 함께 할 수 없다니 너무 슬퍼요. 흑흑흑…
② 하나님은 사람들에게 죄를 용서받는 방법을 알려주셨어요.
죄를 용서받으려면 건강한 동물로 제사를 드리거라.
나의 죄 때문에 동물이 대신 죽는 것이로군요!
③ 하지만 동물로 제사를 드려도 사람들은 계속 죄를 지었어요.
내가 너희를 죄로부터 구원할 방법을 이미 생각해 놓았다.
주님, 아무리 노력해도 자꾸만 생각과 행동으로 죄를 짓게 되요. 흑흑…
④ 하나님은 우리를 구원하시려고 자신의 아들을 이 세상에 보내셨어요.
드디어 오늘 너희를 구원하실 구주가 태어났도다!
응애~ 응애~
⑤ 예수님이 태어나신 이유는 우리의 죄를 대신하여 죽기 위해서였어요.
예수님, 이 동네에서 영원히 우리와 함께 사시면 정말 좋겠어요!
아니다, 너희를 살리기 위해서 나는 반드시 죽어야 한단다.
⑥ 성탄절은 하나님이 우리를 구원하기 위해 자신의 아들을 보내신 날이예요.
생일 축하해요, 예수님!
우리를 구원하기 위해서 아들을 보내신 하나님께 감사해요!

단어 풀이 구주 예수그리스도

말씀 배우기

1 우리를 위해 이 땅에 오신 예수님을 붙여 보세요.

2 우리를 구원하기 위해 이 땅에 오신 예수님을 생각하며 말씀을 완성해보세요.

오늘 구주이신

주 그 리 스 도 가

다윗의 동네에서

태 어 나 셨 다 .

말씀 다지기

1 하나님께서 우리를 구원하시려고 누구를 이 세상에 보내셨는지 O표 해보세요.

하나님께서 세상을
사랑하사 독생자를

선생님

하나님 아들

의사

2 이 땅에 오신 예수님께 축하의 말을 쓰거나 선생님을 따라 말해보세요.

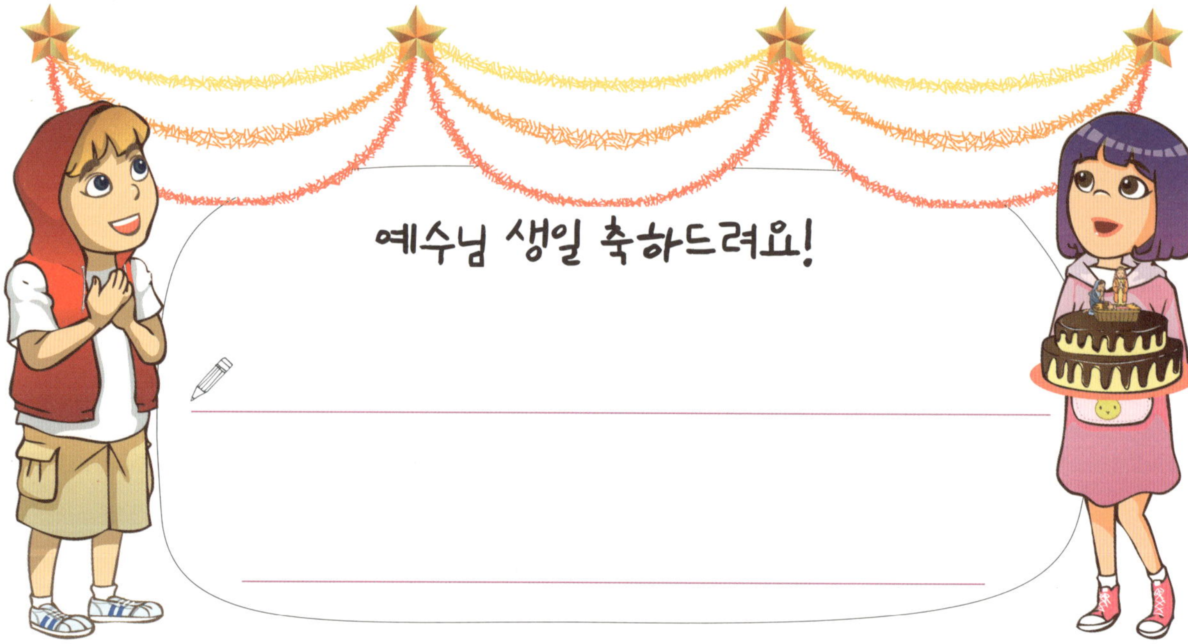
예수님 생일 축하드려요!

말씀 따르기

1. 사랑하는 사람들에게 크리스마스는 예수님의 생일이라는것을 알려주세요.
2. 예수님께 드리는 생일축하 카드를 만들어 보세요.

기도하기

하나님, 저에게 예수님을 보내주셔서 죄를 용서해 주시고 구원해 주셔서 감사합니다. 예수님 이름으로 기도합니다. 아멘.

점선을 따라 살짝 접은후 잡아당겨 주세요.

안으로 접는 선

바깥으로 접는 선

자르는 선

<활동하기!> 예수님께 드릴 생일축하 케이크를 만들어 보세요.

* 케이크 그림 모양 그대로 모두 가위로 오려 주세요.

점선을 따라 살짝 접은 후 잡아당겨 주세요.

······ 안으로 접는 선

— · — 바깥으로 접는 선

- - - - 자르는 선

* 케이크 그림 모양 그대로 모두 가위로 오려 주세요.

세상에서 가장 재미있는 갓스토리

네 번째 이야기

사랑

STICKER 1

세상을 향한 크고 놀라운
하나님의 사랑이야기!

5p

9p

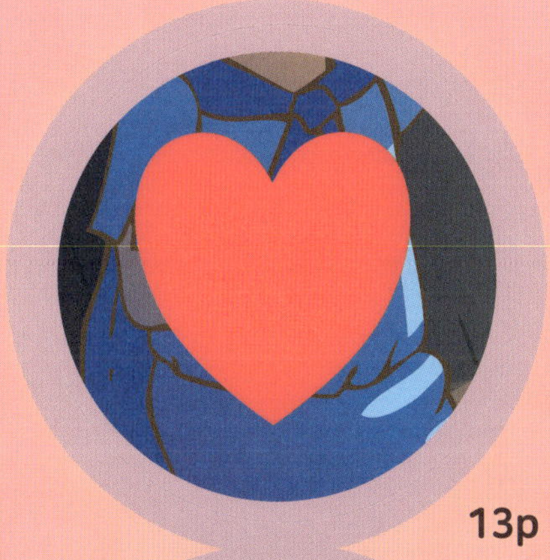
13p

13p

21p

25p

29p

33p

39p

41p

45p

하나님,
감사합니다!

49p

예수
그리스도

53p

세상에서 가장 재미있는 갓스토리

네 번째 이야기

사랑

STICKER 2

세상을 향한 크고 놀라운
하나님의 사랑이야기!

5p

9p

13p

13p

21p

25p

29p

33p

39p

41p

45p

49p

53p